Contos Mágicos em Inglês e Português

Coledown English

Published by Coledown English, 2023.

CONTOS MÁGICOS EM INGLÊS E PORTUGUÊS

First edition. September 5, 2023.

Copyright © 2023 Coledown English.

ISBN: 979-8223106371

Written by Coledown English.

Table of Contents

The Curious Adventures of Little Lily - As Aventuras Curiosas da Pequena Lily

Once upon a time, in a quaint little village nestled in the heart of the English countryside, there lived a curious little girl named Lily. She had sparkling blue eyes that shone like the summer sky, and her golden locks cascaded down her back like a waterfall. Lily was always filled with wonder and a thirst for adventure.

Era uma vez, em uma aldeia pitoresca, aninhada no coração da paisagem campestre inglesa, vivia uma curiosa menininha chamada Lily. Ela tinha olhos azuis cintilantes que brilhavam como o céu de verão, e seus cachos dourados escorriam por suas costas como uma cachoeira. Lily estava sempre cheia de admiração e sede de aventura.

One sunny morning, Lily decided to explore the lush woods that bordered her village. She skipped merrily along the winding path, the birds singing a sweet melody overhead. As she ventured deeper into the forest, she stumbled upon a peculiar-looking tree with a gnarled trunk and shiny leaves that glistened in the dappled sunlight.

Uma ensolarada manhã, Lily decidiu explorar a exuberante floresta que cercava sua aldeia. Ela pulou alegremente pelo sinuoso caminho, os pássaros cantando uma doce melodia acima. Enquanto se aventurava mais fundo na floresta, ela tropeçou em uma árvore peculiar, com um tronco retorcido e folhas brilhantes que cintilavam sob a luz do sol filtrada.

Lily's curiosity got the better of her, and she reached out to touch one of the shiny leaves. To her amazement, the leaf began to shimmer and transform into a tiny, talking squirrel!

A curiosidade de Lily falou mais alto, e ela estendeu a mão para tocar uma das folhas brilhantes. Para sua surpresa, a folha começou a brilhar e se transformou em um esquilo pequeno e falante!

"Hello there, young adventurer," the squirrel chirped in a friendly voice. "I am Squeaky, the guardian of the Enchanted Forest. You've awakened the magic within this tree, and now, you are part of a grand adventure!"

"Olá, jovem aventureira", o esquilo cantarolou em uma voz amigável. "Eu sou Squeaky, o guardião da Floresta Encantada. Você despertou a magia dentro desta árvore e agora faz parte de uma grande aventura!"

Lily's eyes widened with excitement. She couldn't believe her luck! Squeaky explained that the Enchanted Forest was filled with magical creatures and hidden treasures, and Lily had been chosen to explore its wonders.

Os olhos de Lily se arregalaram de empolgação. Ela não podia acreditar em sua sorte! Squeaky explicou que a Floresta Encantada estava cheia de criaturas mágicas e tesouros escondidos, e Lily tinha sido escolhida para explorar suas maravilhas.

Lily and Squeaky embarked on their adventure, with the little squirrel riding on her shoulder. They encountered mischievous fairies that played tricks on them and graceful unicorns that pranced through meadows of wildflowers.

Lily e Squeaky embarcaram em sua aventura, com o pequeno esquilo montado em seu ombro. Eles encontraram fadas travessas que pregaram peças neles e unicórnios graciosos que saltitaram pelos prados de flores silvestres.

They even befriended a wise old owl named Hoot who shared stories of the forest's history.

Eles até fizeram amizade com uma sábia coruja chamada Hoot, que compartilhou histórias da história da floresta.

As they ventured deeper into the forest, they stumbled upon a hidden waterfall that led to a secret cave filled with glittering gems.

Conforme se aventuravam mais fundo na floresta, eles tropeçaram em uma cachoeira escondida que levava a uma caverna secreta cheia de pedras preciosas cintilantes.

Lily and Squeaky collected some of the gems, their eyes gleaming with joy.

Lily e Squeaky coletaram algumas das pedras preciosas, seus olhos cintilando de alegria.

But their adventure took an unexpected turn when they encountered a mischievous troll who blocked their path. The troll demanded that they solve a riddle to continue their journey.

Mas sua aventura tomou um rumo inesperado quando eles encontraram um troll travesso que bloqueou o caminho deles. O troll exigiu que eles resolvessem um enigma para continuar sua jornada.

With determination and teamwork, Lily and Squeaky solved the troll's riddle, and he allowed them to pass.

Com determinação e trabalho em equipe, Lily e Squeaky resolveram o enigma do troll, e ele os deixou passar.

They finally reached the heart of the Enchanted Forest, where a majestic tree stood tall, its branches reaching for the sky.

Eles finalmente chegaram ao coração da Floresta Encantada, onde uma árvore majestosa erguia-se alta, seus galhos alcançando o céu.

As they approached the tree, it began to shimmer and reveal its hidden magic.

Conforme se aproximavam da árvore, ela começou a cintilar e revelar sua magia oculta.

"You have proven yourselves brave and kind," the tree's voice echoed in their hearts. "As a reward, I grant you a single wish."

"Vocês provaram ser corajosos e bondosos", a voz da árvore ecoou em seus corações. "Como recompensa, concedo-lhes um único desejo."

Lily closed her eyes and made her wish, and in a burst of sparkling light, her wish came true.

Lily fechou os olhos e fez seu desejo, e em uma explosão de luz cintilante, seu desejo se realizou.

With their hearts full of gratitude, Lily and Squeaky bid farewell to the Enchanted Forest and returned home, carrying the magic of their adventure with them.

Com seus corações cheios de gratidão, Lily e Squeaky se despediram da Floresta Encantada e voltaram para casa, levando a magia de sua aventura consigo.

And so, the curious adventures of Little Lily became a cherished tale in their village, inspiring generations to embrace curiosity, kindness, and the magic of the world around them.

E assim, as aventuras curiosas da Pequena Lily se tornaram uma história querida em sua aldeia, inspirando gerações a abraçar a curiosidade, a bondade e a magia do mundo ao seu redor.

The Brave Adventures of Benny the Bunny - As Corajosas Aventuras de Benny o Coelhinho

Once upon a time, in a cozy burrow nestled beneath a tall oak tree in the heart of the forest, there lived a little bunny named Benny. Benny had the softest, pure white fur and the most curious, bright pink nose you ever did see. He was known throughout the forest for his bravery and his boundless curiosity.

Era uma vez, em uma toca aconchegante, aninhada sob um grande carvalho no coração da floresta, vivia um pequeno coelhinho chamado Benny. Benny tinha a pelagem mais macia e branca e o nariz mais curioso e brilhante de cor-de-rosa que você já viu. Ele era conhecido por toda a floresta por sua coragem e sua curiosidade sem limites.

One sunny morning, Benny hopped out of his burrow, his whiskers twitching with excitement. He had heard a rumor about a mysterious meadow deep within the forest, a meadow filled with the most beautiful and fragrant flowers anyone had ever seen. Benny couldn't resist the temptation to find this hidden gem.

Numa manhã ensolarada, Benny saltou para fora de sua toca, seus bigodes tremendo de excitação. Ele tinha ouvido um boato sobre um campo misterioso no interior da floresta, um campo cheio das flores mais bonitas e perfumadas que alguém já tinha visto. Benny não podia resistir à tentação de encontrar essa joia escondida.

As Benny hopped deeper into the forest, he encountered a wise old owl named Oliver perched high in a tree.

Conforme Benny saltava mais fundo na floresta, ele encontrou uma sábia coruja chamada Oliver empoleirada no alto de uma árvore.

"Where are you off to, young Benny?" asked Oliver in his hooty voice.

Para onde você está indo, jovem Benny? - perguntou Oliver com sua voz rouca.

Benny excitedly shared his quest to find the mysterious meadow of flowers. Oliver nodded sagely and offered some advice. "Be brave, little one, and always listen to your heart. The forest is full of wonders and surprises, but it can also be full of challenges. Stay true to yourself, and you'll find what you seek."

Benny compartilhou com entusiasmo sua missão de encontrar o misterioso campo de flores. Oliver acenou sabiamente e ofereceu alguns conselhos. "Seja corajoso, pequeno, e sempre ouça seu coração. A floresta está cheia de maravilhas e surpresas, mas também pode estar cheia de desafios. Mantenha-se fiel a si mesmo e você encontrará o que procura."

With a heart full of determination, Benny continued his journey, hopping through the forest with a skip in his step. Along the way, he met a mischievous squirrel named Sammy who offered to be his guide. Sammy knew the forest like the back of his paw, and together, they ventured deeper into the woods.

Com o coração cheio de determinação, Benny continuou sua jornada, saltando pela floresta com um pulo em seu passo. No caminho, ele conheceu um esquilo travesso chamado Sammy, que se ofereceu para ser seu guia. Sammy conhecia a floresta como a palma de sua pata e, juntos, se aventuraram mais profundamente na mata.

As they journeyed deeper into the forest, Benny and Sammy faced many challenges, from crossing a rushing river on a slippery log to outsmarting a sly fox who wanted to steal their lunch. Benny's bravery and Sammy's cleverness proved to be a winning combination.

Conforme se aventuravam mais profundamente na floresta, Benny e Sammy enfrentaram muitos desafios, desde atravessar um rio impetuoso em um tronco escorregadio até enganar um raposo astuto que queria roubar o almoço deles. A coragem de Benny e a esperteza de Sammy provaram ser uma combinação vencedora.

Finally, as the sun dipped below the trees, Benny and Sammy emerged into a magical meadow filled with the most exquisite flowers in every color imaginable. The air was filled with the sweet scent of blossoms, and the meadow seemed to glow with an otherworldly light.

Finalmente, quando o sol se pôs entre as árvores, Benny e Sammy emergiram em um campo mágico cheio das flores mais requintadas em todas as cores imagináveis. O ar estava cheio do doce aroma das flores e o campo parecia brilhar com uma luz de outro mundo.

Benny couldn't believe his eyes. It was even more beautiful than he had imagined! He danced among the flowers, his heart filled with joy.

Benny não podia acreditar em seus olhos. Era ainda mais bonito do que ele tinha imaginado! Ele dançou entre as flores, seu coração cheio de alegria.

As the stars twinkled in the night sky, Benny and Sammy lay down in the meadow, gazing at the stars and feeling grateful for their brave adventure.

Enquanto as estrelas cintilavam no céu noturno, Benny e Sammy deitaram-se no campo, olhando para as estrelas e se sentindo gratos por sua corajosa aventura.

And so, the brave adventures of Benny the Bunny became a cherished story in the forest, inspiring all the creatures to follow their hearts and explore the wonders of the world around them.

E assim, as corajosas aventuras de Benny, o Coelhinho, se tornaram uma história querida na floresta, inspirando todas as criaturas a seguir seus corações e explorar as maravilhas do mundo ao seu redor.

The Little Star That Dreamed Big - A Pequena Estrela Que Sonhava Alto

In the vast expanse of the night sky, there was a little star named Stella. Stella was just one of countless stars that adorned the heavens, but she had big dreams. Every night, as she twinkled with all her might, she longed for something more.

Na vasta extensão do céu noturno, havia uma pequena estrela chamada Stella. Stella era apenas uma entre inúmeras estrelas que enfeitavam os céus, mas ela tinha grandes sonhos. Todas as noites, enquanto piscava com todo o seu esforço, ela ansiava por algo mais.

Stella's dream was to shine the brightest and be the most beautiful star in the night sky. She believed that if she could shine brighter than any other star, her wish would come true.

O sonho de Stella era brilhar mais intensamente e ser a estrela mais bonita no céu noturno. Ela acreditava que se pudesse brilhar mais do que qualquer outra estrela, seu desejo se realizaria.

One night, as Stella shimmered with determination, she caught the attention of a wise old comet named Cosmo. Cosmo had traveled the cosmos and had seen many stars with big dreams. He gently descended from the heavens to have a chat with Stella.

Uma noite, enquanto Stella cintilava com determinação, ela chamou a atenção de um sábio cometa chamado Cosmo. Cosmo tinha viajado pelo cosmos e tinha visto muitas estrelas com grandes sonhos. Ele desceu gentilmente dos céus para conversar com Stella.

"Why do you shine so brightly, little one?" Cosmo asked, his tail glowing like a celestial trail.

Stella replied with enthusiasm, "I want to be the most beautiful and brightest star in the sky. I want to make the world below gaze in wonder at my radiance."

Cosmo smiled kindly. "Ah, young one, there's more to being a star than just brightness. Look around you, at all the stars in the sky. Each one has its own unique beauty and purpose. The beauty of the night sky lies in its diversity."

"Por que você brilha tão intensamente, pequenina?" Perguntou Cosmo, sua cauda brilhando como um rastro celestial.

Stella respondeu com entusiasmo: "Eu quero ser a estrela mais bonita e brilhante do céu. Quero fazer o mundo lá embaixo contemplar maravilhado o meu brilho."

Cosmo sorriu gentilmente. "Ah, jovem, há mais em ser uma estrela do que apenas brilho. Olhe ao seu redor, para todas as estrelas no céu. Cada uma delas tem sua própria beleza e propósito únicos. A beleza do céu noturno está em sua diversidade."

Stella pondered Cosmo's words as she gazed at the other stars. She realized that each star had its own charm, and together, they created a breathtaking tapestry in the night sky.

Stella refletiu sobre as palavras de Cosmo enquanto observava as outras estrelas. Ela percebeu que cada estrela tinha seu próprio

With newfound wisdom, Stella decided to embrace her own uniqueness. She understood that her dream of shining the brightest was not the most important thing. Instead, she focused on shining with her own special glow, one that radiated warmth and comfort to those who gazed upon her.

Com a sabedoria recém-adquirida, Stella decidiu abraçar sua própria singularidade. Ela entendeu que seu sonho de brilhar mais intensamente não era a coisa mais importante. Em vez disso, ela se concentrou em brilhar com seu próprio brilho especial, um que irradiava calor e conforto para aqueles que a contemplavam.

As Stella shone with her newfound purpose, something magical happened. People on Earth began to make wishes upon her. They believed that Stella's gentle glow had the power to make their dreams come true. Stella realized that her true purpose was not to outshine others but to bring hope and inspiration to those who needed it most.

Enquanto Stella brilhava com seu novo propósito, algo mágico aconteceu. As pessoas na Terra começaram a fazer pedidos a ela. Elas acreditavam que o brilho suave de Stella tinha o poder de realizar seus sonhos. Stella percebeu que seu verdadeiro propósito não era ofuscar os outros, mas trazer esperança e inspiração para aqueles que mais precisavam.

And so, Stella became known as the "Wishing Star," and her gentle glow filled the hearts of people far and wide. She may not have been the brightest star in the sky, but she was the most beloved. Stella learned that true beauty and purpose come from embracing one's uniqueness and bringing light and joy to the world.

E assim, Stella ficou conhecida como a "Estrela dos Desejos", e seu brilho suave encheu os corações das pessoas de todos os lugares. Ela pode não ter sido a estrela mais brilhante no céu, mas era a mais amada. Stella aprendeu que a verdadeira beleza e propósito vêm ao abraçar sua singularidade e trazer luz e alegria para o mundo.

The Magical Paintbrush - O Pincel Mágico

In a small village nestled in a tranquil valley, there lived a young girl named Mei. Mei was known throughout the village for her boundless creativity and love for art. Her favorite possession was a simple paintbrush passed down from her grandmother, which had a magical secret known only to a few.

Numa pequena aldeia aninhada em um vale tranquilo, vivia uma jovem chamada Mei. Mei era conhecida em toda a aldeia por sua criatividade ilimitada e amor pela arte. Sua possessão favorita era um simples pincel que passara de sua avó, que tinha um segredo mágico conhecido apenas por alguns.

Mei's grandmother had once been a renowned artist who had painted the most extraordinary scenes with the help of the enchanted paintbrush. The paintbrush had the power to bring anything it painted to life. Mei's grandmother had used it to create lush gardens, beautiful birds, and even a talking squirrel named Squeaky.

A avó de Mei tinha sido uma artista famosa que tinha pintado as cenas mais extraordinárias com a ajuda do pincel encantado. O pincel tinha o poder de dar vida a qualquer coisa que pintasse. A avó de Mei o usara para criar jardins exuberantes, belos pássaros e até um esquilo falante chamado Squeaky.

One sunny morning, Mei decided to try her hand at using the magical paintbrush. She dipped it into a pot of vibrant blue paint and began to paint a beautiful hummingbird in mid-flight. To her astonishment, as the final brushstroke touched the paper, the hummingbird came to life, fluttering its iridescent wings.

Uma manhã ensolarada, Mei decidiu tentar usar o pincel mágico. Ela mergulhou-o em um pote de tinta azul vibrante e começou a pintar um belo beija-flor em pleno voo. Para sua surpresa, à medida que a última pincelada tocava o papel, o beija-flor ganhava vida, batendo suas asas iridescentes.

Mei's heart danced with joy as she realized the true power of her grandmother's gift. She spent her days painting enchanting creatures and magical landscapes, each one coming to life as she painted it. The village soon became a haven for these wondrous beings, and Mei's art brought happiness to everyone who visited.

O coração de Mei dançava de alegria quando ela percebeu o verdadeiro poder do presente de sua avó. Ela passou seus dias pintando criaturas encantadoras e paisagens mágicas, cada uma ganhando vida à medida que ela a pintava. A aldeia logo se tornou um refúgio para esses seres maravilhosos, e a arte de Mei trouxe felicidade a todos que a visitaram.

One day, Mei received a visitor who was unlike any she had seen before. It was a lonely and forlorn dragon named Draco. He had heard of Mei's magical paintbrush and had traveled from a distant mountain to seek her help.

Um dia, Mei recebeu um visitante que era diferente de tudo o que ela tinha visto antes. Era um dragão solitário e desanimado chamado Draco. Ele tinha ouvido falar do pincel mágico de Mei e tinha viajado de uma montanha distante para buscar sua ajuda.

Draco explained that he had accidentally turned his beloved friend, a gentle phoenix, into stone with his fiery breath. He begged Mei to use her paintbrush to bring the phoenix back to life. Mei, filled with compassion, agreed to help.

Draco explicou que tinha transformado acidentalmente seu querido amigo, uma fênix gentil, em pedra com sua respiração ardente. Ele implorou a Mei para usar seu pincel para trazer a fênix de volta à vida. Mei, cheia de compaixão, concordou em ajudar.

With great care, Mei painted a vibrant phoenix, its feathers ablaze with colors. As the final brushstroke touched the paper, the phoenix burst forth from the painting, its wings stretching wide. The stone statue of the phoenix crumbled to dust, and Draco's friend was alive once more.

Com muito cuidado, Mei pintou uma fênix vibrante, suas penas em chamas com cores. À medida que a última pincelada tocava o papel, a fênix irrompeu da pintura, suas asas se esticando largas. A estátua de pedra da fênix se desfez em poeira, e o amigo de Draco estava vivo mais uma vez.

Grateful tears welled up in Draco's eyes as he thanked Mei for her kindness and her magical paintbrush. He promised to protect the village from any harm, and his presence added a touch of grandeur to the already enchanted place.

Lágrimas de gratidão surgiram nos olhos de Draco enquanto ele agradecia a Mei por sua bondade e seu pincel mágico. Ele prometeu proteger a aldeia de qualquer dano, e sua presença acrescentou um toque de grandiosidade ao lugar já encantado.

And so, Mei's art not only brought joy to her village but also mended the heart of a lonely dragon, proving that creativity and compassion could work wonders in the world.

E assim, a arte de Mei não só trouxe alegria à sua aldeia, mas também consertou o coração de um dragão solitário, provando que criatividade e compaixão podiam fazer maravilhas no mundo.

The Curious Case of Mr. Paws - O Curioso Caso do Sr. Paws

In a quaint little town nestled between rolling hills and surrounded by lush forests, there lived a peculiar cat named Mr. Paws. Now, you might be wondering what was so peculiar about Mr. Paws. Well, he was no ordinary cat; he had the ability to understand and speak the language of the animals.

Numa cidadezinha pitoresca aninhada entre colinas ondulantes e cercada por florestas exuberantes, vivia um gato peculiar chamado Sr. Paws. Agora, você pode estar se perguntando o que havia de tão peculiar no Sr. Paws. Bem, ele não era um gato comum; ele tinha a habilidade de entender e falar a língua dos animais.

From a young age, Mr. Paws had been able to communicate with birds, squirrels, rabbits, and even the wise old owl who lived in the ancient oak tree at the edge of town. While the other cats in the neighborhood were content chasing mice and napping in the sun, Mr. Paws was on a never-ending quest for knowledge. He listened to the tales of the animals, learned their secrets, and became their trusted friend.

Desde tenra idade, o Sr. Paws havia sido capaz de se comunicar com pássaros, esquilos, coelhos e até com a sábia coruja que vivia na antiga árvore de carvalho na extremidade da cidade. Enquanto os outros gatos do bairro estavam contentes em perseguir ratos e cochilar ao sol, o Sr. Paws estava em uma busca interminável por conhecimento. Ele ouvia os contos dos animais, aprendia seus segredos e se tornava seu amigo de confiança.

One sunny morning, a group of worried animals gathered around Mr. Paws. The forest they called home was in grave danger. A construction crew had arrived with bulldozers and chainsaws, ready to clear the land for a new shopping mall. The animals feared that their homes would be destroyed, and they turned to Mr. Paws for help.

Numa ensolarada manhã, um grupo de animais preocupados se reuniu ao redor do Sr. Paws. A floresta que chamavam de lar estava em grave perigo. Uma equipe de construção havia chegado com escavadeiras e motosserras, pronta para limpar a terra para um novo shopping center. Os animais temiam que suas casas fossem destruídas e se voltaram para o Sr. Paws em busca de ajuda.

Mr. Paws, with his heart full of compassion, listened to their plea. He knew that he had to do something to save the forest and its inhabitants. With the help of his animal friends, he hatched a clever plan.

O Sr. Paws, com o coração cheio de compaixão, ouviu o apelo deles. Ele sabia que tinha que fazer algo para salvar a floresta e seus habitantes. Com a ajuda de seus amigos animais, ele elaborou um plano inteligente.

First, the birds flew to the nearby town and perched on street lamps, chirping loudly to attract the attention of the townspeople. The squirrels and rabbits scurried into the town square, causing a delightful commotion, while the wise old owl hooted from the oak tree. People gathered to see what all the fuss was about, and when they saw the worried animals, they couldn't ignore their plea for help.

Primeiro, os pássaros voaram até a cidade próxima e pousaram nos postes de iluminação da rua, piando alto para chamar a atenção dos moradores da cidade. Os esquilos e coelhos correram para a praça da cidade, causando uma adorável agitação, enquanto a sábia coruja velha ululou da árvore de carvalho. As pessoas se reuniram para ver qual era toda aquela agitação, e quando viram os animais preocupados, não puderam ignorar seu pedido de ajuda.

Mr. Paws, with his newfound audience, stepped forward and spoke in a clear voice, telling the townspeople about the beauty and importance of the forest and its unique inhabitants. He explained how the forest provided clean air, shelter, and a home to many creatures, and how it should be cherished and protected.

O Sr. Paws, com sua nova audiência, deu um passo à frente e falou em voz clara, contando aos habitantes sobre a beleza e a importância da floresta e de seus habitantes únicos. Ele explicou como a floresta fornecia ar limpo, abrigo e um lar para muitas criaturas e como deveria ser valorizada e protegida.

Moved by Mr. Paws' words and the animals' plea, the townspeople joined forces to save the forest. They organized protests, collected signatures for petitions, and even contacted local officials to halt the construction. Their efforts paid off, and the construction crew was stopped in their tracks.

Comovidos pelas palavras do Sr. Paws e pelo apelo dos animais, os habitantes se uniram para salvar a floresta. Eles organizaram protestos, coletaram assinaturas para petições e até entraram em contato com autoridades locais para interromper a construção. Seus esforços valeram a pena e a equipe de construção foi detida em suas trilhas.

The forest was saved, and the animals cheered in joy. Mr. Paws had not only saved their homes but had also shown the townspeople the importance of protecting the natural world. From that day forward, the forest and its inhabitants lived peacefully, and Mr. Paws was hailed as a hero, not just to the animals but to the entire town.

A floresta foi salva e os animais aplaudiram de alegria. O Sr. Paws não apenas salvou suas casas, mas também mostrou aos habitantes a importância de proteger o mundo natural. A partir desse dia, a floresta e seus habitantes viveram em paz, e o Sr. Paws foi aclamado como um herói, não apenas pelos animais, mas por toda a cidade.

And so, the curious cat who could speak to animals, Mr. Paws, had made a lasting impact on his town and taught everyone the importance of compassion and preserving the wonders of nature for generations to come.

E assim, o curioso gato que conseguia falar com animais, o Sr. Paws, teve um impacto duradouro em sua cidade e ensinou a todos a importância da compaixão e da preservação das maravilhas da natureza para as gerações futuras.

The Magical Music Box - A Caixa de Música Mágica

In a cozy little cottage at the edge of a peaceful village, there lived a young girl named Eliza. Eliza had a heart as big as the sky and a deep love for music. She spent her days playing her violin and singing songs that filled her home with joy.

Numa aconchegante casinha na beira de uma vila tranquila, vivia uma jovem chamada Eliza. Eliza tinha um coração tão grande quanto o céu e um profundo amor pela música. Ela passava seus dias tocando violino e cantando canções que enchiam sua casa de alegria.

One sunny morning, as Eliza was exploring the attic of her cottage, she stumbled upon a dusty old box hidden beneath a pile of forgotten books and trinkets. Curiosity piqued, she carefully opened the box and discovered a beautiful music box adorned with intricate patterns and sparkling gems.

Uma manhã ensolarada, enquanto Eliza explorava o sótão de sua casinha, ela tropeçou em uma caixa empoeirada escondida sob uma pilha de livros e quinquilharias esquecidas. Curiosa, ela abriu cuidadosamente a caixa e descobriu uma bela caixa de música adornada com padrões intrincados e gemas cintilantes.

As Eliza wound up the delicate music box, it began to play the most enchanting melody she had ever heard. The music was so beautiful that it seemed to transport her to a magical world filled with dancing fairies and shimmering stars.

Quando Eliza deu corda na delicada caixa de música, ela começou a tocar a melodia mais encantadora que ela já tinha ouvido. A música era tão bonita que parecia transportá-la para um mundo mágico cheio de fadas dançantes e estrelas cintilantes.

But there was something truly special about this music box. As Eliza played the melody, she noticed that the room around her began to change. The walls of her cottage melted away, and she found herself in a lush, enchanted forest bathed in a soft, golden light.

Mas havia algo verdadeiramente especial sobre esta caixa de música. Enquanto Eliza tocava a melodia, ela percebeu que o quarto ao seu redor começou a mudar. As paredes de sua casinha derreteram e ela se viu em uma exuberante floresta encantada banhada por uma luz dourada suave.

In this magical forest, Eliza met a friendly talking squirrel named Nutty, a mischievous fairy named Twinkle, and a gentle unicorn named Stardust. They explained that the music box had the power to transport its owner to the world of dreams and imagination.

Nesta floresta mágica, Eliza conheceu um esquilo amigável chamado Nutty, uma fada travessa chamada Twinkle e um unicórnio gentil chamado Stardust. Eles explicaram que a caixa de música tinha o poder de transportar seu proprietário para o mundo dos sonhos e da imaginação.

Eliza's heart swelled with wonder as she explored this enchanting realm, filled with talking animals, magical creatures, and sparkling streams. She danced with fairies, played hide-and-seek with elves, and even joined in a grand feast with the woodland creatures.

O coração de Eliza se encheu de admiração enquanto ela explorava este reino encantador, cheio de animais falantes, criaturas mágicas e riachos cintilantes. Ela dançou com as fadas, brincou de esconde-esconde com elfos e até participou de um grande banquete com as criaturas da floresta.

As the sun began to set in the magical forest, Eliza knew it was time to return home. With a heavy heart, she said her farewells to her newfound friends and wound the music box to play its enchanting melody once more.

Conforme o sol começava a se pôr na floresta mágica, Eliza sabia que era hora de voltar para casa. Com o coração pesado, ela se despediu de seus novos amigos e deu corda na caixa de música para tocar sua melodia encantadora mais uma vez.

The room around her shifted, and Eliza found herself back in her cozy cottage, the music box in her hands. She realized that she could visit the magical world whenever her heart desired, simply by playing the music box.

O quarto ao seu redor mudou e Eliza se viu de volta em sua casinha aconchegante, com a caixa de música em suas mãos. Ela percebeu que poderia visitar o mundo mágico sempre que seu coração desejasse, simplesmente tocando a caixa de música.

From that day on, Eliza's music filled not only her home but also the hearts of everyone in the village. She shared her magical adventures and taught others to believe in the power of imagination and dreams.

A partir desse dia, a música de Eliza encheu não apenas sua casa, mas também os corações de todos na vila. Ela compartilhou suas aventuras mágicas e ensinou aos outros a acreditar no poder da imaginação e dos sonhos.

And so, the magical music box became a cherished treasure, a source of endless wonder, and a reminder that the world is filled with enchantment for those who dare to dream.

E assim, a caixa de música mágica se tornou um tesouro querido, uma fonte de maravilha infinita e um lembrete de que o mundo está cheio de encanto para aqueles que ousam sonhar.

The Brave Little Firefly - O Valente Vagalume

In a quiet meadow on the outskirts of a bustling forest, there lived a tiny firefly named Oliver. Oliver was smaller than most fireflies, but what he lacked in size, he made up for in courage and determination.

Numa tranquila campina nos arredores de uma floresta movimentada, vivia um pequeno vagalume chamado Oliver. Oliver era menor do que a maioria dos vagalumes, mas o que lhe faltava em tamanho, ele compensava com coragem e determinação.

You see, Oliver had a dream that burned as brightly as his tiny light. He wanted to journey deep into the heart of the forest and see the legendary Firefly Festival, where thousands of fireflies from near and far would gather to light up the night sky in a breathtaking display of beauty and magic.

Você vê, Oliver tinha um sonho que ardia tão intensamente quanto sua pequena luz. Ele queria viajar fundo no coração da floresta e ver o lendário Festival dos Vagalumes, onde milhares de vagalumes de perto e de longe se reuniriam para iluminar o céu noturno em uma exibição de beleza e magia de tirar o fôlego.

But there was a problem. The forest was a vast and mysterious place, and Oliver was just a tiny firefly. His friends and family were worried about him and tried to dissuade him from embarking on such a perilous journey.

Mas havia um problema. A floresta era um lugar vasto e misterioso, e Oliver era apenas um pequeno vagalume. Seus amigos e familiares estavam preocupados com ele e tentaram dissuadi-lo de embarcar em uma jornada tão perigosa.

Oliver, however, was determined to follow his dream. He knew that the path ahead would be filled with challenges and unknown dangers, but he also knew that he had the bravery within him to face whatever came his way. With a determined flicker of his light, he set off into the forest, his tiny wings carrying him deeper and deeper into the unknown.

No entanto, Oliver estava determinado a seguir seu sonho. Ele sabia que o caminho à sua frente estaria cheio de desafios e perigos desconhecidos, mas também sabia que tinha a coragem dentro de si para enfrentar o que viesse em seu caminho. Com um brilho determinado de sua luz, ele partiu para a floresta, suas pequenas asas o levando cada vez mais fundo no desconhecido.

As Oliver ventured deeper into the forest, he encountered many creatures, both friendly and not so friendly. He met a wise old owl who gave him advice on navigating the dense woods and a friendly rabbit who shared stories of the Firefly Festival.

À medida que Oliver se aventurava mais profundamente na floresta, ele encontrava muitas criaturas, algumas amigáveis e outras nem tanto. Ele conheceu uma sábia coruja velha que lhe deu conselhos sobre como navegar pelas densas matas e um coelho amigável que compartilhou histórias sobre o Festival dos Vagalumes.

Oliver's journey was filled with moments of fear and doubt, but he pressed on, driven by the belief that his dream was worth pursuing. He faced thunderstorms, thickets of thorns, and even a mischievous fox, but each challenge made him stronger and more determined.

A jornada de Oliver foi cheia de momentos de medo e dúvida, mas ele continuou, impulsionado pela crença de que seu sonho valia a pena perseguir. Ele enfrentou tempestades, espinheiros e até um raposo travesso, mas cada desafio o tornou mais forte e determinado.

Finally, after days of travel, Oliver reached the heart of the forest and saw the magical sight he had dreamed of—the Firefly Festival. Thousands of fireflies illuminated the night sky with their dazzling lights, creating a breathtaking display of beauty and wonder.

Finalmente, após dias de viagem, Oliver chegou ao coração da floresta e viu a visão mágica com que sonhara - o Festival dos Vagalumes. Milhares de vagalumes iluminavam o céu noturno com suas luzes deslumbrantes, criando uma exibição de beleza e maravilha de tirar o fôlego.

Oliver joined the festival, his tiny light blending with the others in a symphony of brilliance. He had followed his dream and found not only the beauty he had sought but also the strength and courage within himself.

Oliver se juntou ao festival, sua pequena luz se misturando com as outras em uma sinfonia de brilho. Ele havia seguido seu sonho e encontrado não apenas a beleza que buscava, mas também a força e a coragem dentro de si mesmo.

As the night wore on, Oliver realized that the journey had been as important as the destination. He had discovered that dreams could be achieved through determination and bravery, no matter how small or big you may be.

À medida que a noite avançava, Oliver percebeu que a jornada era tão importante quanto o destino. Ele descobriu que os sonhos podem ser alcançados por meio da determinação e da coragem, não importa o quão pequeno ou grande você seja.

And so, as the Firefly Festival continued to light up the night sky, Oliver's tiny light burned as brightly as any other, a testament to the bravery of a little firefly who dared to dream.

E assim, enquanto o Festival dos Vagalumes continuava a iluminar o céu noturno, a pequena luz de Oliver brilhava tão intensamente quanto qualquer outra, um testemunho da coragem de um pequeno vagalume que ousou sonhar.

The Enchanted Librarym - A Biblioteca Encantada

In the heart of a picturesque village, nestled between rolling hills and quaint cottages, there stood a library unlike any other. It was known as the "Enchanted Library." This library was said to hold books that could transport readers into the very worlds they described.

No coração de uma pitoresca vila, aninhada entre colinas ondulantes e casinhas pitorescas, havia uma biblioteca como nenhuma outra. Ela era conhecida como a "Biblioteca Encantada". Dizia-se que esta biblioteca continha livros que podiam transportar os leitores para os mundos que descreviam.

In this village, there lived a young girl named Lily. She had always been fascinated by books and longed to visit the Enchanted Library. One bright morning, with a heart full of curiosity, she set out on a journey to discover the mystical library for herself.

Nesta vila, vivia uma jovem chamada Lily. Ela sempre foi fascinada por livros e ansiava visitar a Biblioteca Encantada. Uma manhã brilhante, com o coração cheio de curiosidade, ela partiu em uma jornada para descobrir a biblioteca mística por si mesma.

After a scenic walk through the village, Lily arrived at the library. Its grand doors opened before her, inviting her inside. The library was a haven of knowledge, with shelves upon shelves of books, their spines adorned with intricate designs and shimmering titles.

Após uma caminhada cênica pela vila, Lily chegou à biblioteca. Suas portas majestosas se abriram diante dela, convidando-a para dentro. A biblioteca era um refúgio de conhecimento, com prateleiras e prateleiras de livros, suas lombadas adornadas com designs intrincados e títulos cintilantes.

As Lily explored the library, she came across an old librarian who had a kind, knowing smile. She introduced herself as Mrs. Everwood and told Lily about the library's magic. Mrs. Everwood explained that the Enchanted Library contained books that could transport readers into the worlds they described, but only if they truly believed in the magic of the stories.

Enquanto Lily explorava a biblioteca, ela encontrou uma bibliotecária idosa que tinha um sorriso gentil e conhecedor. Ela se apresentou como Sra. Everwood e contou a Lily sobre a magia da biblioteca. A Sra. Everwood explicou que a Biblioteca Encantada continha livros que podiam transportar os leitores para os mundos que descreviam, mas apenas se eles acreditassem verdadeiramente na magia das histórias.

Lily's eyes sparkled with excitement as she selected a book titled "The Secret Garden." She believed in the magic of books with all her heart. She found a cozy nook and began to read. As she turned the pages, she felt herself being drawn into the story, the world of the garden coming to life around her.

Os olhos de Lily brilhavam de empolgação quando ela escolheu um livro intitulado "O Jardim Secreto". Ela acreditava na magia dos livros com todo o seu coração. Ela encontrou um canto aconchegante e começou a ler. À medida que virava as páginas, sentia-se sendo sugada para a história, o mundo do jardim ganhando vida ao seu redor.

Lily explored the secret garden alongside the characters, feeling the warm sun on her face and the soft earth beneath her feet. She met the mischievous robin, discovered hidden keys, and brought the forgotten garden back to life. It was a world of magic and wonder, and Lily was living it.

Lily explorou o jardim secreto ao lado dos personagens, sentindo o sol quente em seu rosto e a terra macia sob seus pés. Ela conheceu o petiz doceiro, descobriu chaves escondidas e trouxe o jardim esquecido de volta à vida. Era um mundo de magia e maravilha, e Lily estava vivendo-o.

When Lily finished reading and closed the book, she found herself back in the library, but she had truly experienced the enchantment of the story. She thanked Mrs. Everwood and left the library with her heart full of gratitude and a promise to return.

Quando Lily terminou de ler e fechou o livro, ela se encontrou de volta à biblioteca, mas havia realmente experimentado o encantamento da história. Ela agradeceu à Sra. Everwood e saiu da biblioteca com o coração cheio de gratidão e a promessa de voltar.

From that day forward, Lily became a frequent visitor to the Enchanted Library, embarking on countless adventures through the pages of magical books. She learned that the power of belief could make stories come to life and that the magic of books would always be with her, waiting to transport her to new and wondrous worlds.

A partir desse dia, Lily se tornou uma visitante frequente da Biblioteca Encantada, embarcando em inúmeras aventuras pelas páginas de livros mágicos. Ela aprendeu que o poder da crença podia fazer histórias ganharem vida e que a magia dos livros estaria sempre com ela, esperando para transportá-la para mundos novos e maravilhosos.

And so, in the heart of the picturesque village, the Enchanted Library continued to weave its magic, inspiring generations of readers to believe in the extraordinary power of storytelling.

E assim, no coração da pitoresca vila, a Biblioteca Encantada continuou a tecer sua magia, inspirando gerações de leitores a acreditar no poder extraordinário da narrativa.

The Littlest Star - A Estrela Mais Pequena

Far above the Earth, in the vastness of the night sky, there lived a constellation of stars. Among them, there was one star named Stella who was smaller than the rest. She twinkled with a soft, gentle light, unlike the dazzling brilliance of her celestial companions.

Bem acima da Terra, na vastidão do céu noturno, vivia uma constelação de estrelas. Entre elas, havia uma estrela chamada Stella que era menor do que o resto. Ela cintilava com uma luz suave e gentil, ao contrário do brilho deslumbrante de seus companheiros celestiais.

Stella often felt out of place among the other stars, who teased her for her diminutive size. They called her "The Littlest Star" and would shine even brighter to make her feel smaller. But Stella didn't let their words dim her light. She believed that every star had its purpose, no matter how small or big.

Stella frequentemente se sentia deslocada entre as outras estrelas, que zombavam dela por seu tamanho diminuto. Eles a chamavam de "A Estrela Mais Pequena" e brilhavam ainda mais para fazê-la se sentir menor. Mas Stella não permitia que suas palavras diminuíssem sua luz. Ela acreditava que toda estrela tinha seu propósito, não importava o quão pequena ou grande fosse.

One clear night, as Stella was quietly twinkling in her corner of the sky, she noticed a child on Earth looking up at the stars. The child pointed to Stella and said, "Look, Mommy! That must be the Littlest Star. I think she's special."

Uma noite clara, enquanto Stella cintilava silenciosamente em seu canto do céu, ela notou uma criança na Terra olhando para as estrelas. A criança apontou para Stella e disse: "Olha, mamãe! Essa deve ser a Estrela Mais Pequena. Acho que ela é especial."

Stella's heart swelled with warmth as she heard the child's words. She realized that being small didn't mean she was insignificant. To that child, she was special, and that was all that mattered.

O coração de Stella se encheu de calor quando ouviu as palavras da criança. Ela percebeu que ser pequena não significava que ela era insignificante. Para aquela criança, ela era especial, e isso era tudo o que importava.

From that moment on, Stella shone even more brightly, not to outshine the other stars, but to bring comfort and joy to those who looked up at the night sky. She became a guiding light for dreamers, a beacon of hope for those who needed it most.

A partir desse momento, Stella brilhava ainda mais intensamente, não para ofuscar as outras estrelas, mas para trazer conforto e alegria para aqueles que olhavam para o céu noturno. Ela se tornou uma luz guia para os sonhadores, um farol de esperança para aqueles que mais precisavam.

Over the years, Stella watched over countless generations of stargazers, and her soft, gentle light became a source of wonder and inspiration. She knew that it didn't matter if she was the littlest star in the sky; what mattered was the light she shared with the world below.

Ao longo dos anos, Stella observou inúmeras gerações de observadores de estrelas, e sua luz suave e gentil se tornou uma fonte de admiração e inspiração. Ela sabia que não importava se era a estrela mais pequena do céu; o que importava era a luz que ela compartilhava com o mundo abaixo.

And so, Stella, the littlest star, continued to shine brightly, reminding us all that it's not the size that defines our worth but the warmth and love we bring to others.

E assim, Stella, a estrela mais pequena, continuou a brilhar intensamente, lembrando a todos nós que não é o tamanho que define nosso valor, mas o calor e o amor que trazemos aos outros.

The Adventures of Max and Luna - As Aventuras de Max e Luna

In a quiet neighborhood nestled between green hills and a serene lake, there lived a young boy named Max and his loyal companion, a fluffy white cat named Luna. Max and Luna were inseparable. They shared a deep bond and a sense of adventure that led them on remarkable journeys together.

Em um bairro tranquilo, aninhado entre colinas verdes e um lago sereno, vivia um jovem chamado Max e seu leal companheiro, um gato branco fofo chamado Luna. Max e Luna eram inseparáveis. Eles compartilhavam um vínculo profundo e um senso de aventura que os levava em jornadas notáveis juntos.

One sunny morning, Max and Luna set out on their latest adventure—a hike through the enchanted forest that bordered their neighborhood. Max had heard stories of mystical creatures and hidden treasures deep within the forest, and he was determined to uncover its secrets. Luna, with her sharp eyes and keen instincts, was the perfect companion for such a quest.

Uma manhã ensolarada, Max e Luna partiram para sua mais recente aventura - uma caminhada pela floresta encantada que circundava seu bairro. Max tinha ouvido histórias de criaturas místicas e tesouros escondidos no interior da floresta, e estava determinado a descobrir seus segredos. Luna, com seus olhos afiados e instintos aguçados, era a companheira perfeita para tal empreendimento.

As they ventured deeper into the forest, they came across a sparkling stream that seemed to lead to a hidden glade. The water was so clear that they could see shimmering fish darting beneath the surface. Max and Luna followed the stream, their curiosity growing with each step.

Conforme se aventuravam mais profundamente na floresta, encontraram um riacho cintilante que parecia levar a uma clareira escondida. A água era tão clara que podiam ver peixes cintilantes nadando sob a superfície. Max e Luna seguiram o riacho, sua curiosidade crescendo a cada passo.

In the heart of the glade, they stumbled upon a grove of ancient trees, their leaves glistening with a silvery sheen. Among these trees stood a majestic unicorn with a coat as white as snow and a horn that sparkled like a precious gem. Max and Luna gasped in awe at the sight of this mythical creature.

No coração da clareira, eles se depararam com uma alameda de árvores antigas, suas folhas brilhando com um brilho prateado. Entre essas árvores estava um unicórnio majestoso com um pelo tão branco quanto a neve e um chifre que cintilava como uma joia preciosa. Max e Luna respiraram fundo diante da visão dessa criatura mítica.

The unicorn, whose name was Aurora, greeted Max and Luna with a gentle nod of her head. She spoke in a voice as melodious as a songbird's, telling them that the glade was a place of magic and wonder. Aurora invited Max and Luna to stay awhile and share in the enchantment of the forest.

O unicórnio, cujo nome era Aurora, saudou Max e Luna com um leve aceno de cabeça. Ela falou com uma voz tão melodiosa quanto a de um passarinho, dizendo-lhes que a clareira era um lugar de magia e maravilha. Aurora convidou Max e Luna a ficarem um tempo e compartilharem a magia da floresta.

Max and Luna spent the day in the enchanted glade, dancing with butterflies, talking to the trees, and listening to the stories of Aurora, who had witnessed the passing of centuries. They felt as though time had stood still, and the forest had embraced them with its timeless wisdom and beauty.

Max e Luna passaram o dia na clareira encantada, dançando com borboletas, conversando com as árvores e ouvindo as histórias de Aurora, que tinha testemunhado a passagem dos séculos. Sentiram como se o tempo tivesse parado e a floresta os tivesse abraçado com sua sabedoria e beleza atemporais.

As the sun began to set, Max and Luna knew it was time to return home. They bid farewell to Aurora, promising to visit again. With hearts full of gratitude and wonder, they made their way back through the forest, their spirits forever touched by the magic they had experienced.

À medida que o sol começava a se pôr, Max e Luna sabiam que era hora de voltar para casa. Eles se despediram de Aurora, prometendo visitar novamente. Com corações cheios de gratidão e admiração, eles fizeram seu caminho de volta pela floresta, seus espíritos para sempre tocados pela magia que tinham experimentado.

And so, Max and Luna's adventures continued, filled with enchantment and the belief that the world was full of wonder waiting to be discovered, as long as they followed their hearts and shared their journeys together.

E assim, as aventuras de Max e Luna continuaram, cheias de encanto e a crença de que o mundo estava cheio de maravilhas esperando para serem descobertas, desde que seguissem seus corações e compartilhassem suas jornadas juntos.

The Curious Clockwork Cat - O Gato Curioso Movido a Engrenagens

In a charming little town, where cobblestone streets wound their way through quaint cottages and colorful shops, there lived a cat named Whiskers. What made Whiskers unique was not his fluffy fur or his bright green eyes, but the fact that he was a clockwork cat, crafted with intricate gears and springs.

Em uma encantadora cidadezinha, onde ruas de paralelepípedos serpenteavam por entre casinhas pitorescas e lojas coloridas, vivia um gato chamado Whiskers. O que tornava Whiskers único não era seu pelame fofo ou seus olhos verdes brilhantes, mas o fato de que ele era um gato movido a engrenagens, feito com engrenagens e molas intrincadas.

Whiskers was created by a skilled clockmaker named Mr. Ollivander, who had a fascination with combining the art of clockmaking with the beauty of living creatures. Whiskers, with his purring mechanism and a tail that swayed like a pendulum, was a true marvel of engineering.

Whiskers foi criado por um habilidoso relojoeiro chamado Sr. Ollivander, que tinha uma fascinação por combinar a arte da relojoaria com a beleza de criaturas vivas. Whiskers, com seu mecanismo de ronronar e um rabo que balançava como um pêndulo, era uma verdadeira maravilha da engenharia.

Every morning, Whiskers would wake up with a gentle winding of his gears by Mr. Ollivander. Then he would explore the town, visiting the local bakery where the scent of freshly baked bread filled the air, and the bustling marketplace where vendors sold their wares. Whiskers was a beloved member of the community, and everyone marveled at his unique charm.

Todas as manhãs, Whiskers acordava com um suave vento de suas engrenagens pelo Sr. Ollivander. Em seguida, ele explorava a cidade, visitando a padaria local, onde o cheiro de pão fresco assado enchia o ar, e o movimentado mercado onde os vendedores vendiam suas mercadorias. Whiskers era um membro querido da comunidade, e todos se maravilhavam com seu charme único.

One day, while strolling through the town square, Whiskers noticed a commotion near the fountain. A group of children had gathered around a stranded kitten, mewing for help. The poor kitten had climbed a tree and was too scared to come down.

Um dia, enquanto passeava pela praça da cidade, Whiskers notou uma agitação perto da fonte. Um grupo de crianças se reuniu em volta de um gatinho perdido, miando por ajuda. O pobre gatinho havia subido em uma árvore e estava com muito medo de descer.

With his clockwork precision, Whiskers sprang into action. His tail extended like a winding key, and he climbed the tree with a series of graceful leaps and bounds. When he reached the stranded kitten, he nuzzled her gently, soothing her fears. Then, he carefully carried her down to safety. The children cheered, and the rescued kitten purred in gratitude.

Com sua precisão de relojoeiro, Whiskers entrou em ação. Seu rabo se estendeu como uma chave de corda, e ele subiu na árvore com uma série de saltos e saltos graciosos. Quando chegou ao gatinho perdido, ele o acariciou suavemente, acalmando seus medos. Em seguida, ele a levou com cuidado para baixo, em segurança. As crianças aplaudiram, e o gatinho resgatado ronronou em gratidão.

From that day forward, Whiskers and the rescued kitten, named Daisy, became inseparable friends. Daisy had no home, so Mr. Ollivander kindly adopted her and welcomed her into his clockmaker's shop. Whiskers and Daisy, the clockwork cat and the living kitten, proved that friendship could transcend differences. They explored the town together, with Whiskers teaching Daisy about the wonders of their charming town.

A partir desse dia, Whiskers e o gatinho resgatado, chamado Daisy, se tornaram amigos inseparáveis. Daisy não tinha lar, então o Sr. Ollivander gentilmente a adotou e a acolheu em sua relojoaria. Whiskers e Daisy, o gato movido a engrenagens e o gatinho vivo, provaram que a amizade poderia transcender diferenças. Eles exploraram a cidade juntos, com Whiskers ensinando a Daisy as maravilhas de sua cidade encantadora.

As the sun set over the town, casting a warm glow on the cobblestone streets, Whiskers, Daisy, and Mr. Ollivander would gather in the clockmaker's shop, the heart of their little family. It was a reminder that love, friendship, and a touch of magic could make even the most extraordinary of companionships possible.

Ao pôr do sol sobre a cidade, lançando um brilho quente nas ruas de paralelepípedos, Whiskers, Daisy e o Sr. Ollivander se reuniam na relojoaria, o coração de sua pequena família. Era um lembrete de que o amor, a amizade e um toque de magia poderiam tornar possível até mesmo as amizades mais extraordinárias.

The Magical Maple Tree - A Árvore Mágica de Bordo

In the heart of a small, picturesque village, there stood a maple tree like no other. Its leaves shimmered with a magical hue, and its branches seemed to sway to an enchanting melody only it could hear. The villagers called it the "Magical Maple Tree," and they believed that it held the power to make wishes come true.

No coração de uma pequena e pitoresca vila, havia uma árvore de bordo como nenhuma outra. Suas folhas brilhavam com uma tonalidade mágica, e seus galhos pareciam balançar ao som de uma melodia encantadora que apenas ela podia ouvir. Os moradores a chamavam de "Árvore Mágica de Bordo" e acreditavam que ela tinha o poder de realizar desejos.

Every year, on the first day of spring, the villagers would gather around the Magical Maple Tree to make their wishes. They would tie colorful ribbons to its branches, and with hopeful hearts, they would whisper their deepest desires. The tree, it seemed, listened intently to their wishes and granted them to those whose hearts were pure and intentions were kind.

Todos os anos, no primeiro dia da primavera, os moradores se reuniam ao redor da Árvore Mágica de Bordo para fazer seus desejos. Eles amarravam fitas coloridas em seus galhos e, com corações esperançosos, sussurravam seus desejos mais profundos. Parecia que a árvore ouvia atentamente seus desejos e os concedia àqueles cujos corações eram puros e intenções eram gentis.

Among the villagers, there was a young girl named Lily. She had heard countless stories about the Magical Maple Tree but had never made a wish of her own. Lily was selfless and always put others before herself. She believed that her wishes should be saved for those in greater need.

Entre os moradores, havia uma jovem chamada Lily. Ela tinha ouvido inúmeras histórias sobre a Árvore Mágica de Bordo, mas nunca tinha feito um desejo próprio. Lily era altruísta e sempre colocava os outros antes de si mesma. Ela acreditava que seus desejos deveriam ser guardados para aqueles que mais precisavam.

One spring, as the villagers gathered around the Magical Maple Tree, Lily watched with a smile as her friends and neighbors made their wishes. She admired the happiness and hope in their eyes as they tied their ribbons to the tree's branches. Yet, deep down, a part of her longed to make a wish, too.

Uma primavera, enquanto os moradores se reuniam ao redor da Árvore Mágica de Bordo, Lily assistiu com um sorriso enquanto seus amigos e vizinhos faziam seus desejos. Ela admirava a felicidade e a esperança em seus olhos enquanto amarravam suas fitas nos galhos da árvore. No entanto, no fundo, uma parte dela ansiava fazer um desejo também.

That night, as Lily lay in her bed, unable to sleep, she looked out her window at the glowing leaves of the Magical Maple Tree. She realized that she had a wish, one that had been buried deep within her heart for so long. She wished for a world where kindness and love would prevail, where everyone could find happiness, and where no one would suffer.

Naquela noite, enquanto Lily estava deitada em sua cama, incapaz de dormir, ela olhou pela janela para as folhas brilhantes da Árvore Mágica de Bordo. Ela percebeu que tinha um desejo, um que estava enterrado profundamente em seu coração por tanto tempo. Ela desejava um mundo onde a bondade e o amor prevaleceriam, onde todos poderiam encontrar felicidade e onde ninguém sofreria.

With determination and a heart full of hope, Lily tied a ribbon to the Magical Maple Tree and whispered her wish into the night. She felt a warm breeze rustling the leaves, and a sense of peace washed over her.

Com determinação e um coração cheio de esperança, Lily amarrou uma fita na Árvore Mágica de Bordo e sussurrou seu desejo na noite. Ela sentiu uma brisa quente mexendo nas folhas e uma sensação de paz a envolveu.

Days turned into weeks, and life in the village continued as usual. But gradually, the villagers began to notice small acts of kindness and moments of happiness appearing in their lives. They realized that their wishes, tied to the Magical Maple Tree, were coming true.

Dias se transformaram em semanas, e a vida na vila continuou como de costume. Mas gradualmente, os moradores começaram a notar pequenos atos de bondade e momentos de felicidade aparecendo em suas vidas. Eles perceberam que seus desejos, amarrados à Árvore Mágica de Bordo, estavam se tornando realidade.

Lily's wish, pure and selfless, had touched the hearts of all. The village became a place where kindness flourished, where love spread like wildfire, and where happiness was shared by everyone.

O desejo de Lily, puro e altruísta, tocou os corações de todos. A vila se tornou um lugar onde a bondade florescia, onde o amor se espalhava como fogo e onde a felicidade era compartilhada por todos.

And so, the legend of the Magical Maple Tree lived on, reminding the world that even the most selfless of wishes had the power to create a world filled with love, kindness, and endless joy.

E assim, a lenda da Árvore Mágica de Bordo continuou viva, lembrando o mundo de que até mesmo os desejos mais altruístas tinham o poder de criar um mundo cheio de amor, bondade e alegria sem fim.

The Adventure of Captain Oliver and the Flying Ship - A Aventura do Capitão Oliver e o Navio Voador

In a coastal village, where the salty breeze filled the air and seagulls danced above the sparkling sea, lived a young boy named Oliver. Oliver had always dreamed of becoming a great explorer, sailing to distant lands and discovering hidden treasures. Little did he know that his dreams were about to take flight in the most extraordinary way.

Em uma vila costeira, onde a brisa salgada enchia o ar e gaivotas dançavam sobre o mar cintilante, vivia um jovem chamado Oliver. Oliver sempre sonhou em se tornar um grande explorador, navegando para terras distantes e descobrindo tesouros escondidos. Mal sabia ele que seus sonhos estavam prestes a alçar voo da maneira mais extraordinária.

One sunny morning, as Oliver was exploring the rocky shoreline, he stumbled upon a peculiar object half-buried in the sand. It was a brass key with intricate engravings, unlike any key he had ever seen. His curiosity piqued, Oliver decided to follow where the key might lead him.

Uma manhã ensolarada, enquanto Oliver explorava a costa rochosa, ele tropeçou em um objeto peculiar meio enterrado na areia. Era uma chave de latão com gravuras intrincadas, diferente de qualquer chave que ele já tinha visto. Sua curiosidade despertada, Oliver decidiu seguir para onde a chave poderia levá-lo.

The key led him to a hidden cave, and inside, he discovered an old, dusty book with pages filled with drawings of fantastical flying ships. The book had a title: "The Adventures of Captain Skywind." As Oliver flipped through the pages, he found a map that seemed to match the coastline of his village, with a mysterious island marked far out at sea.

A chave o levou a uma caverna escondida, e lá dentro ele descobriu um livro antigo e empoeirado com páginas repletas de desenhos de navios voadores fantásticos. O livro tinha um título: "As Aventuras do Capitão Skywind". Enquanto Oliver folheava as páginas, encontrou um mapa que parecia coincidir com a linha costeira de sua vila, com uma ilha misteriosa marcada longe no mar.

Inspired by the book and the map, Oliver decided to build his own flying ship. He spent months collecting materials, and with the help of his friends from the village, they constructed a magnificent ship with wings like a seagull. They named it the "Skywing."

Inspirado pelo livro e pelo mapa, Oliver decidiu construir seu próprio navio voador. Ele passou meses coletando materiais e, com a ajuda de seus amigos da vila, eles construíram um navio magnífico com asas como uma gaivota. Deram-lhe o nome de "Asa do Céu".

One clear morning, as the sun painted the sky with shades of orange and pink, Captain Oliver, dressed in his explorer's gear, and his crew of friends boarded the Skywing. With a turn of the brass key, the ship's engines roared to life, and they soared into the sky.

Uma manhã clara, enquanto o sol pintava o céu com tons de laranja e rosa, o Capitão Oliver, vestido com seu equipamento de explorador, e sua tripulação de amigos embarcaram no Asa do Céu. Com uma virada da chave de latão, os motores do navio rugiram à vida, e eles subiram aos céus.

As they flew over the sparkling sea, the villagers below cheered, and Oliver felt a sense of wonder and exhilaration like never before. The map from the book guided them to the mysterious island. They landed and explored its lush jungles, discovering rare plants and exotic creatures.

Enquanto voavam sobre o mar cintilante, os moradores abaixo aplaudiram, e Oliver sentiu uma sensação de admiração e exaltação como nunca antes. O mapa do livro os guiou até a ilha misteriosa. Eles pousaram e exploraram suas florestas tropicais luxuriantes, descobrindo plantas raras e criaturas exóticas.

Their adventure continued as they sailed through the clouds, visiting floating islands and encountering sky pirates who challenged them to thrilling aerial battles. Along the way, they collected treasures and made new friends from far-off lands.

Sua aventura continuou enquanto navegavam pelas nuvens, visitando ilhas flutuantes e encontrando piratas do céu que os desafiavam para emocionantes batalhas aéreas. No caminho, eles coletaram tesouros e fizeram novos amigos de terras distantes.

After many months of exploration, Captain Oliver and his crew returned to their coastal village with hearts full of stories and treasures. They had learned that dreams could take flight with a little curiosity, creativity, and the courage to set sail into the unknown.

Depois de muitos meses de exploração, o Capitão Oliver e sua tripulação retornaram à sua vila costeira com corações cheios de histórias e tesouros. Eles haviam aprendido que os sonhos podiam alçar voo com um pouco de curiosidade, criatividade e a coragem de zarpar para o desconhecido.

And so, the legend of Captain Oliver and the Flying Ship became a cherished tale in their village, inspiring generations of dreamers to believe that with determination and a sense of adventure, the sky was never the limit.

E assim, a lenda do Capitão Oliver e o Navio Voador se tornou uma história querida em sua vila, inspirando gerações de sonhadores a acreditarem que com determinação e um espírito de aventura, o céu nunca era o limite.

The Whispering Willow - A Salgueiro Sussurrante

In a tranquil meadow on the outskirts of a sleepy village, there stood a magnificent willow tree. Its branches swayed gracefully, like the arms of a dancer, and its leaves rustled with a secret known to only a few. The villagers called it the "Whispering Willow" because they believed it could share the stories of the past with those who listened closely.

Em um prado tranquilo nos arredores de uma vila sonolenta, havia uma magnífica árvore de salgueiro. Seus galhos balançavam graciosamente, como os braços de uma dançarina, e suas folhas sussurravam com um segredo conhecido apenas por alguns. Os moradores a chamavam de "Salgueiro Sussurrante" porque acreditavam que ela podia compartilhar as histórias do passado com aqueles que ouviam atentamente.

One bright morning, a curious young girl named Eliza ventured to the meadow. She had heard tales of the Whispering Willow from her grandmother, who spoke of the tree's ancient wisdom. Eliza approached the willow with a heart full of wonder and asked, "Willow, can you share your stories with me?"

Uma manhã ensolarada, uma jovem curiosa chamada Eliza se aventurou pelo prado. Ela tinha ouvido histórias sobre o Salgueiro Sussurrante de sua avó, que falava da sabedoria ancestral da árvore. Eliza se aproximou do salgueiro com um coração cheio de admiração e perguntou: "Salgueiro, você pode compartilhar suas histórias comigo?"

The willow's branches seemed to sway in response, and a gentle breeze rustled its leaves. Softly, it began to speak, telling tales of a time long ago when the meadow was filled with children playing and laughter. It recounted stories of love, loss, and the passage of seasons, as the meadow transformed from spring's bloom to winter's sleep. Eliza listened with rapt attention, feeling as though the tree's voice was a lullaby, soothing her soul.

Os galhos do salgueiro pareciam balançar em resposta, e uma brisa suave mexeu em suas folhas. Suavemente, começou a falar, contando histórias de um tempo muito atrás, quando o prado estava cheio de crianças brincando e risos. Narrava histórias de amor, perda e a passagem das estações, enquanto o prado se transformava da florada da primavera para o sono do inverno. Eliza ouviu com atenção cativante, sentindo como se a voz da árvore fosse uma canção de ninar, acalmando sua alma.

As the day turned to dusk, Eliza thanked the Whispering Willow for its stories and promised to return. She returned many times, each visit unveiling new tales and wisdom from the past. The meadow, once just a grassy field, became a sacred place where the village's history lived on through the voice of the ancient tree.

À medida que o dia se transformava em crepúsculo, Eliza agradeceu ao Salgueiro Sussurrante por suas histórias e prometeu retornar. Ela voltou muitas vezes, cada visita revelando novos contos e sabedoria do passado. O prado, antes apenas um campo gramado, tornou-se um lugar sagrado onde a história da vila continuava por meio da voz da árvore ancestral.

Eliza grew older, and the stories of the Whispering Willow became cherished memories that she shared with the villagers. They, too, visited the meadow to listen to the tales of their ancestors and to seek guidance from the wise tree.

Eliza cresceu, e as histórias do Salgueiro Sussurrante se tornaram lembranças preciosas que ela compartilhava com os moradores da vila. Eles também visitavam o prado para ouvir os contos de seus ancestrais e buscar orientação da sábia árvore.

And so, the Whispering Willow continued to weave its stories, connecting generations and reminding all who listened that the past was a treasure chest of wisdom waiting to be discovered.

E assim, o Salgueiro Sussurrante continuou a tecer suas histórias, conectando gerações e lembrando a todos que ouviam que o passado era um baú de tesouros de sabedoria esperando para ser descoberto.

The Starlight Keeper - O Guardião da Luz das Estrelas

In a remote mountain village, nestled high among the peaks, there lived a young girl named Luna. Luna had a special gift – she could communicate with the stars. Each night, as the sky filled with a dazzling array of constellations, Luna would sit on a rocky ledge and speak to the stars in soft, melodic whispers. And the stars would listen, sparkling a little brighter in response.

Em uma vila remota nas montanhas, aninhada entre os picos, vivia uma jovem chamada Luna. Luna tinha um dom especial - ela podia se comunicar com as estrelas. Todas as noites, quando o céu se enchia com uma deslumbrante variedade de constelações, Luna se sentava em uma laje rochosa e falava com as estrelas em sussurros suaves e melódicos. E as estrelas ouviam, brilhando um pouco mais intensamente em resposta.

The villagers marveled at Luna's ability, and they believed she was the keeper of the starlight. They would often seek her guidance, asking her to communicate with the stars on their behalf, hoping for answers to their questions and solutions to their problems. Luna was always willing to help, for she felt a deep connection to the celestial world above.

Os moradores se maravilhavam com a habilidade de Luna, e acreditavam que ela era a guardiã da luz das estrelas. Eles frequentemente buscavam sua orientação, pedindo-lhe para se comunicar com as estrelas em seu nome, esperando por respostas para suas perguntas e soluções para seus problemas. Luna sempre estava disposta a ajudar, pois sentia uma conexão profunda com o mundo celestial acima.

One chilly evening, as Luna sat beneath the starry sky, a shooting star streaked across the heavens. Luna closed her eyes and made a wish. She wished for something she had never wished for before – an adventure. She longed to see the world beyond the mountaintops, to explore distant lands, and to experience the wonders she had only heard of in stories.

Em uma noite fria, enquanto Luna estava sentada sob o céu estrelado, uma estrela cadente riscou os céus. Luna fechou os olhos e fez um desejo. Ela desejava algo que nunca havia desejado antes - uma aventura. Ela ansiava ver o mundo além das montanhas, explorar terras distantes e experimentar as maravilhas que só ouvira falar em histórias.

To Luna's amazement, her wish was granted. The very next morning, a group of travelers arrived in the village. They were on a quest to find the fabled Starlight Gem, a precious stone said to hold the power of the stars. They believed Luna's unique gift could guide them on their journey. Luna, sensing destiny at her doorstep, decided to join them on their adventure.

Para espanto de Luna, seu desejo foi concedido. Na manhã seguinte, um grupo de viajantes chegou à vila. Estavam em busca do lendário Gemma do Luar, uma pedra preciosa que diziam conter o poder das estrelas. Acreditavam que o dom único de Luna poderia guiá-los em sua jornada. Luna, sentindo o destino à sua porta, decidiu se juntar a eles em sua aventura.

The travelers, led by Luna's starlight whispers, embarked on a remarkable journey through dense forests, across vast deserts, and over turbulent seas. Along the way, Luna shared stories of the stars and their wisdom, bringing comfort and inspiration to her fellow adventurers.

Os viajantes, guiados pelos sussurros da luz das estrelas de Luna, embarcaram em uma jornada notável por densas florestas, vastos desertos e mares turbulentos. No caminho, Luna compartilhou histórias das estrelas e de sua sabedoria, trazendo conforto e inspiração aos seus companheiros aventureiros.

Finally, they reached the hidden temple where the Starlight Gem was said to rest. Luna, guided by the stars' glow, found the gem hidden deep within the temple's chambers. It radiated with a brilliant, celestial light. As she touched it, she felt the wisdom of the stars flow through her.

Finalmente, eles chegaram ao templo escondido onde se dizia que o Gemma do Luar repousava. Luna, guiada pelo brilho das estrelas, encontrou a gema escondida nas profundezas das câmaras do templo. Ela irradiava com uma luz celestial e brilhante. Ao tocá-la, sentiu a sabedoria das estrelas fluir através dela.

The travelers were overjoyed, for they knew that the Starlight Gem would bring peace and harmony to their lands. Luna, having fulfilled her wish for adventure, decided to return home to her mountaintop village. She left the gem with the travelers, knowing that its radiance would continue to shine in the hearts of all who looked to the stars for guidance.

Os viajantes ficaram radiantes, pois sabiam que o Gemma do Luar traria paz e harmonia às suas terras. Luna, tendo realizado seu desejo por aventura, decidiu voltar para sua vila no alto das montanhas. Ela deixou a gema com os viajantes, sabendo que seu brilho continuaria a brilhar nos corações de todos que buscavam as estrelas para orientação.

And so, Luna returned to her village, where she continued to whisper to the stars each night. She knew that her true adventure was the gift of sharing the wisdom of the stars with those she loved, and her heart was forever connected to the celestial world above.

E assim, Luna retornou à sua vila, onde continuou a sussurrar para as estrelas todas as noites. Ela sabia que sua verdadeira aventura era o dom de compartilhar a sabedoria das estrelas com aqueles que amava, e seu coração estava para sempre conectado ao mundo celestial acima.